INHALTSVERZEICHNIS

Titel der französischen Ausgabe:
L'imagerie des arts
ISBN 3-89717-181-3
Printed in Italy

10 9 8 7 6 5 4 3 2 1

Dein buntes Wörterbuch Kunst

Idee:
Emilie Beaumont

Text:
Marie-Renée Pimont

Illustrationen:
Colette Hus-David, Isabella Misso,
Isabelle Rognoni, Etienne Butterlin

Übersetzung aus dem Französischen
von Silvia Löttrich

FLEURUS VERLAG

DIE MALEREI

IN DER STEINZEIT

Die Künstler der Steinzeit ziehen sich tief in die Höhlen zurück, um dort die Wände zu bemalen und zu behauen.

Während die Männer auf Gerüsten sitzen, erhellen Fackeln und Steinlampen, in denen Tierfett verbrannt wird, die Höhle.

Diese Tiere werden in der Steinzeit gejagt. Sie sind im Profil gezeichnet und ihre Umrisse manchmal in den Stein gemeißelt.

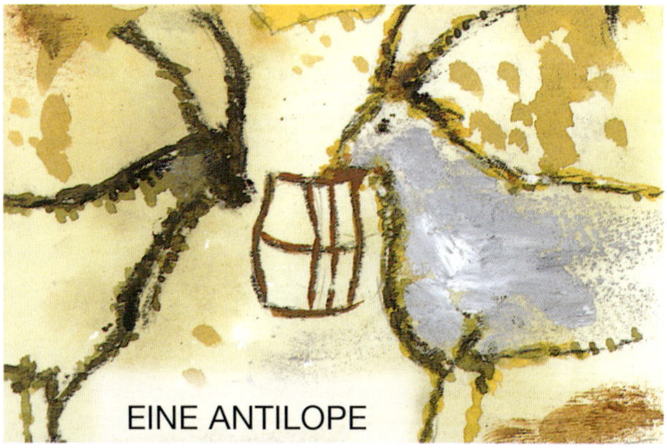

Wahrscheinlich kommen die Jäger in die Höhlen, um für die Jagd den Schutz der Götter zu erbitten.

DIE MALER DES ALTEN ÄGYPTEN

Sie arbeiten vor allem für den Pharao und die Priester. Sie zeichnen auf Holz, auf Stein und auf Papyrusrollen.

Die Künstler bemalen die Wände einer Grabanlage. Die Bilder stellen Bauern auf dem Feld dar. Die alten Ägypter glauben nämlich, dass diese Bauern den Toten im Jenseits mit Nahrung versorgen. Die Farbe wird mit Schilfrohrstängeln aufgetragen, deren Enden vorher zerkaut wurden.

Auf eine Papyrusrolle zeichnet der Maler den ägyptischen Sonnengott Re. Er sitzt in einem Boot, über das sich eine Frauengestalt wölbt. Diese Frau ist Nut, die Göttin des Himmels. Der Mann auf dem Boden ist Geb, der Gott der Erde.

DIE MALER IN GRIECHENLAND

Die Zeit lässt Malereien auf Holz oder Wänden verblassen und dann verschwinden. Erhalten bleiben uns aber bemalte Tonvasen und Mosaike.

Die ältesten Vasen sind mit geometrischen Mustern verziert. Später schmücken sie auch Schattenbilder, Szenen aus dem täglichen Leben, Schlachten oder Heldentaten der Götter.

Die Künstler setzen Mosaike aus gefärbten Stein- oder Glasstückchen zusammen, die sie in eine feuchte Mörtelfläche legen.

TUSCHE UND PINSEL IN CHINA

Der Maler bereitet sorgfältig sein Material vor. Wenn er malt, ist er ruhig und führt den Pinsel im Atemrhythmus.

Chinesische Künstler malen normalerweise mit einem Bambuspinsel und einem Tuschestab auf ein Stück Seide. Mit wenigen Strichen entstehen Berge, ein See, ein Fluss und vieles andere.

In eleganter Form die verschiedenen Schriftzeichen wiederzugeben, gilt in China als große Kunst. Diese Kunstform nennt man Kalligrafie. Sie wird in den Schulen unterrichtet.

DER JAPANISCHE HOLZSCHNITT

Der Holzschnitt ist eine sehr alte Technik. Mit ihm kann man Bilder drucken, die man zuvor in Holzplatten geschnitzt hat.

① Erst wird eine Tuschezeichnung angefertigt.

② Dann höhlt man das Holz an den vorgezeichneten Linien aus. Es entsteht ein Relief.

③ Die ganze Platte wird mit Tinte eingefärbt.

④ Das Papier wird auf die geschwärzte Platte gepresst.

⑤ Die Zeichnung erscheint auf dem Papier. Du kannst mehrere Abzüge „drucken“ und sie nummerieren.

DIE ILLUMINIERKUNST IM MITTELALTER

Die Mönche verzieren den ersten Buchstaben eines Paragraphen, die Initiale, mit geometrischen Motiven, Tieren oder Personen.

Zuerst muss das Pergament vorbereitet werden. Das sind einzelne Blätter aus Schafs- oder Kalbshaut. Danach schreiben die Mönche den Text ab. Dazu benutzen sie Federkiele und Tinte.

Der Schreiber, auch Kopist genannt, zeichnet mit einer Bleimine die Initiale vor. Er legt eine Schicht Goldblatt auf. Dann streicht er eine Farbe darüber, lässt sie trocknen, trägt eine zweite auf usw. Zum Schluss zeichnet er alle Umrisse mit schwarzer Tinte nach.

DIE KIRCHENFENSTER DER KATHEDRALEN

Auf den hohen Fenstern der Kathedralen stellen Meister der Glasmalerei die Geschichten der Heiligen in Bild und Farbe dar.

Bis heute hat sich die Technik nicht verändert:

① Ein Glasmaler zeichnet das Modell.

② Er überträgt die Umrisse der einzelnen Teile auf Pauspapier und bereitet die Schablonen vor.

③ Mit einem Diamant schneidet er die Formen im Glas vor und klopft sie dann mit einem kleinen Hammer heraus.

④ Die einzelnen Glasstücke werden in Blei gefasst. Die Bleistäbe um das Glas werden miteinander verschweißt.

⑤ Der Glasmaler färbt das Kirchenfenster mit speziellen Farben. Anschließend kommt es in den Ofen, damit die Farben aushärten.

DAS ATELIER EINES MALERS IN DER RENAISSANCE

Gemalt wird auf Holztafeln, die die Lehrlinge herrichten. Sie stellen auch die Farben und Pinsel her.

Ein Gerüst aus Holz stützt die Tafel, auf die die gemalt werden soll.

Ein Lehrling führt ein kleines Büschel Eichhörnchenhaare in einen Federkiel ein. Dann befestigt er einen Holzgriff daran.

Die Lehrlinge bereiten die Farben vor: Sie zerreiben die Erdfarben in einem Mörser und verrühren sie dann mit Wasser oder Eiweiß.

Die besten Lehrlinge dürfen auch selbst malen. Die schwierigen Partien wie Gesicht und Hände übernimmt aber der Meister selbst.

Der Meister übergibt einer Dame das Porträt, das sie bei ihm in Auftrag gegeben hat. Zwei Lehrlinge arbeiten bereits am nächsten Bild: Einer malt die Landschaft, der andere die Figuren – allerdings ohne Gesichter.

DIE SIXTINISCHE KAPELLE

Papst Julius II. beauftragt Michelangelo, die Sixtinische Kapelle in Rom mit Fresken zu schmücken. Michelangelo arbeitet vier Jahre daran!

Die ersten Monate zeichnet er die Vorlagen auf Karton. Diese werden dann auf das Gewölbe übertragen und anschließend angemalt.

LEONARDO DA VINCI

Der Italiener Leonardo da Vinci ist Maler, Musiker, Gelehrter und Erfinder. Seine Zeichnungen und Gemälde sind weltberühmt.

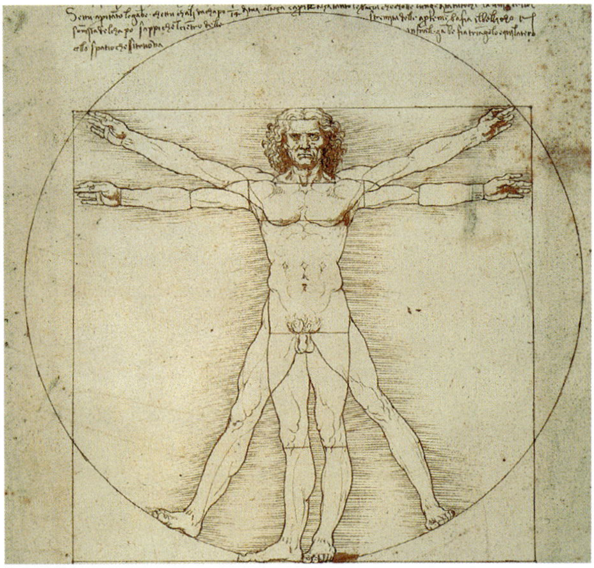

Kreis und Quadrat sind für ihn die beiden bestimmenden Figuren des Universums. In sie malt er den menschlichen Körper.

Von Leonardo da Vinci stammt das Porträt der Italienerin Lisa del Giocondo: die *Mona Lisa*. Aber er zeichnet auch gerne Karikaturen!

EINE LEINWAND VON ARCIMBOLDO

Arcimboldo malt nicht mehr auf Holztafeln wie die Maler früher, sondern auf Leinwand. Sie ist leichter zu transportieren.

Der Maler spannt die Leinwand auf einen Holzrahmen.

Dann streicht er sie mit Leim ein und grundiert sie weiß.

Arcimboldo hat ein Porträt für jede Jahreszeit und für die Elemente Wasser, Erde, Luft und Feuer gemalt. Hier siehst du den Sommer: Das Gesicht besteht aus sommerlichen Früchten und Gemüse, der Anzug aus Weizen.

GEORGES DE LA TOUR UND DIE HELL-DUNKEL-MALEREI

Georges de la Tour malt Nachtszenen mit Kerzenschein. Die Beleuchtungseffekte erzielt er durch das Spiel mit Braun, Weiß und Rot.

Georges de la Tour liebt es, das alltägliche Leben zu malen. Er verleiht den Gesichtern Ausdruck. *Das Neugeborene* ist sein berühmtestes Bild. Es zeigt ein in Windeln gewickeltes Baby, dessen Gesicht sanft erhellt ist.

Auf dem Gemälde *Der Heilige Joseph als Zimmermann* ist nur das Gesicht des Kindes stark erhellt. Man sieht das Licht der Kerze durch seine Finger hindurchscheinen.

REMBRANDTS SELBSTPORTRÄTS

Bei einem Selbstporträt malt der Künstler sich selbst. Der holländische Maler Rembrandt hat mindestens sechzig Selbstporträts angefertigt.

Rembrandt wird wegen seiner schönen Porträts sehr geschätzt. Bekannt ist er auch für seine dick aufgetragenen Farbschichten.

Rembrandt malt sich in eleganten Anzügen oder in Arbeitskleidung mit einem Malerhut und seiner Farbpalette in der Hand.

MONET UND DIE IMPRESSIONISTEN

Sie zeichnen Menschen und Landschaften im wechselnden Tageslicht. Ihre Gemälde geben uns ihre Sicht der Dinge, ihre „Impressionen“, wieder.

Diese japanische Brücke befindet sich in Monets Garten in Giverny. Er hat sie sehr oft gemalt und versucht, das Licht einzufangen.

Hier siehst du ein Brücken-Bild von Monet. Das Licht scheint im Wasser zu spielen.

Monet zeichnet die Brücke selbst dann noch, als er fast blind ist.

GEMÄLDE VON IMPRESSIONISTEN

Jedes Bild lässt uns an dem teilhaben, was der Maler in diesem Augenblick empfunden hat – ganz anders als ein Foto.

Von Auguste Renoir stammt *Die Schaukel*. Die Schatten sind nicht schwarz, sondern eher lila.

In dieser Vergrößerung kannst du die Details besser erkennen.

Boote in Argenteuil ist von Gustave Caillebotte. Die Farben der Segel finden sich im Himmel und im Wasser wieder.

Für *Schmetterlingsjagd* benutzt Berthe Morisot nur die Farben Grün, Braun und Gelb.

Der Himmel nimmt in Alfred Sisleys Bild *Louveciennes im Schnee* viel Platz ein!

DIE PASTELLGEMÄLDE VON EDGAR DEGAS

Degas interessiert sich für die Fotografie, die sich gerade zu entwickeln beginnt. Er zeichnet seine Bilder so sorgfältig wie Fotos!

Degas zeichnet besonders gerne mit Pastellfarben. Die Spur, die sie auf dem Papier hinterlassen, erinnern ihn an Staub von Schmetterlingsflügeln. Am liebsten malt er Musiker und Tänzerinnen.

Pastellstifte werden aus Farbpulver gemacht. Feine Striche zieht man mit der Spitze ①, für Schattierungen nimmt man die Breitseite ②. Verwischt man die Farben leicht mit dem Finger, entstehen Mischtöne ③.

DIE LANDSCHAFTEN VON CÉZANNE

Hier ist der Berg Sainte-Victoire im Süden Frankreichs zu sehen. Cézanne hat ihn im Laufe seines Lebens mindestens sechzig Mal gemalt.

Der Berg Sainte-Victoire (links) hat Cézanne zu vielen Bildern aus verschiedenen Perspektiven inspiriert. Auf dem oberen Gemälde muss man sich anstrengen, um die Konturen zu unterscheiden. Denn Cézanne will die Wirklichkeit nicht einfach kopieren. Vielmehr lädt er uns ein, die Landschaft neu zu sehen und zu fühlen.

VAN GOGH UND DIE PERSPEKTIVE

Der holländische Maler van Gogh liebt das Licht im Süden Frankreichs. Er malt Bäume, Blumen, Felder und auch sein Zimmer.

Grün, Gelb und Blau sind van Goghs Lieblingsfarben. Er verwendet sie auch, um das Zimmer zu malen, in dem er während seines Aufenthaltes in Arles wohnt. Doch an diesem Bild fällt noch etwas anderes auf.

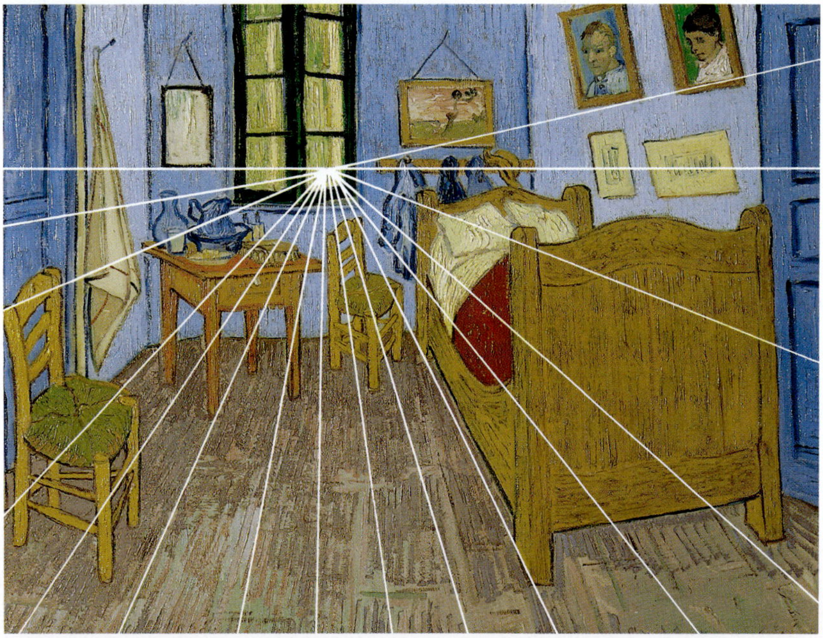

Um dem Bild räumliche Tiefe zu verleihen, malt van Gogh das Bettende und den linken Stuhl größer als die Gegenstände hinten im Zimmer. Alle Linien, wie z. B. die Parkettbohlen, laufen auf einen Punkt, das Fenster, zu. Van Gogh malt perspektivisch!

SEURAT UND DER POINTILLISMUS

Seurats Gemälde bestehen aus tausenden von Punkten in den Farben Gelb, Rot und Blau. Das Weiß der Leinwand schimmert noch hervor.

Seurats letztes Bild *Der Zirkus* bleibt unvollendet. Die Schatten sind aus blauen und violetten Tupfen, die hellen Stellen in Gelb und Rot gemalt. Der Rahmen ist ebenfalls mit tausenden von kleinen Punkten bedeckt.

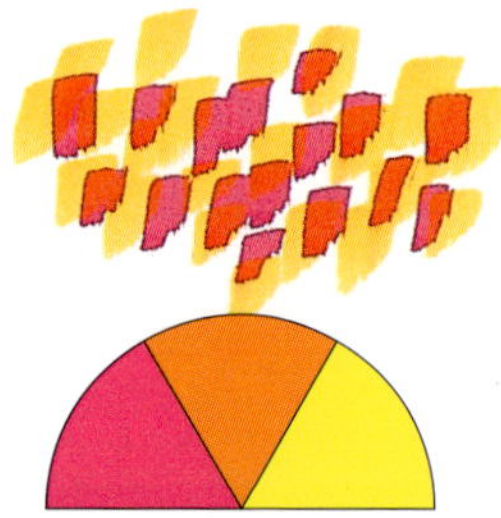

Mischt man Gelb, Blau und Rot erhält man alle anderen Farben. Außerdem mischt unser Auge manchmal Flecken, die sehr nah beieinander liegen, um eine neue Farbe zu schaffen!

KANDINSKY

Kandinskys Werk zählt zur abstrakten Kunst. Das heißt, er stellt die Wirklichkeit anders dar als wir sie sehen.

Kandinsky benutzt Tusche und Aquarellfarben. Seine Formen und Farben sind voller Kraft und Bewegung.

Grobkörniges Papier, Pinsel, ein Kasten Aquarellfarben und viel Wasser: Der Künstler erzielt Abstufungen von Dunkel zu Hell, indem er Farbe mit unterschiedlich viel Wasser verdünnt.

STILLLEBEN

Stillleben sind Bilder, auf denen kunstvoll angeordnete Gegenstände wie Früchte, Blumen oder Wildbret dargestellt sind.

Der Künstler Georges Braque malt Stillleben in abstrakter Form: Seine Früchte setzen sich aus kantigen Flächen in Grün- und Brauntönen zusammen.

Hier siehst du zum Vergleich ein Stillleben von Cézanne, das einige Jahre früher entstanden ist. Cézanne stellt Gegenstände und Farben so geschickt zusammen, dass man am liebsten in die Früchte hineinbeißen würde!

MATISSE UND SEINE COLLAGEN

Im Alter kann Matisse die Pinsel nicht mehr richtig führen.
Trotzdem arbeitet er weiter ... mit Papier, Kleber und Schere!

Matisse liebt kräftige Farben! Deshalb malt er große Papierbögen bunt an, schneidet daraus Formen aus und stellt sie zu lebendigen und leuchtenden Collagen zusammen. Diese kreolische Tänzerin ist so eine Collage.

Die Kirchenfenster dieser Kapelle im südfranzösischen Ort Vence sind nach einem Entwurf von Matisse angefertigt. Matisse selbst hat die Arbeit der Glasmaler überwacht.

PICASSOS KINDLICHE KUNST

Picasso malt immer merkwürdigere Bilder. Er sagt: „Ich habe ein ganzes Leben gebraucht, um wie ein Kind malen zu können.“

Noch bevor Picasso reden oder laufen kann, beginnt er, wie er es bei seinem Vater gesehen hatte, zu malen. Dieser zeichnete die Tauben, die in der Nähe seines Hauses in Spanien nisteten. In Picassos Bild *Kind mit Taube* erkennt man Kind und Vogel noch sehr deutlich.

Von afrikanischer Kunst begeistert, verwandelt Picasso Gesichter immer mehr in Masken. Er sucht nach einfachen Formen mit gebrochenen Winkeln und Linien wie in dem Bild *Mädchen mit Boot.* Damit erfindet er den Kubismus.

DIE SURREALISTEN MAGRITTE UND MIRÓ

Magritte und Miró gehören zu einer Gruppe von Malern und Dichtern, die das Traumhafte darstellen wollen: den Surrealisten.

Die Männer auf dem Bild tragen alle graue Mäntel und eine Melone auf dem Kopf – genau wie Magritte selbst. Sie gleichen sich wie ein Regentropfen dem anderen! Also: Lasst sie vom Himmel fallen – die Regenmänner.

In Mirós *Karneval des Harlekin* verbirgt sich der Harlekin zwischen den merkwürdigsten Figuren. Du erkennst ihn an den Rauten auf seinem Kostüm. Siehst du ihn?

DER BLICK DES KÜNSTLERS

Künstler malen die Wirklichkeit, verändern sie aber auch, indem sie mit Formen, Licht und Farben spielen.

Der Fotograf zeigt uns seinen liebsten Blick auf die Landschaft.

Dieser Maler zeichnet ein Aquarell, um das Licht zu betonen.

Ein anderer Maler stellt die Bäume durch Farbflecken dar.

Dieser Künstler malt Linien, um dem Bild Tiefe zu verleihen.

Suche dir ein Foto aus, lege ein Pauspapier darüber und zeichne nach Lust und Laune: mit Linien, Punkten, Farbflecken usw.

Dieses Foto dient drei Malern als Vorlage.

Dieses Porträt ähnelt dem Foto sehr: Es ist realistisch.

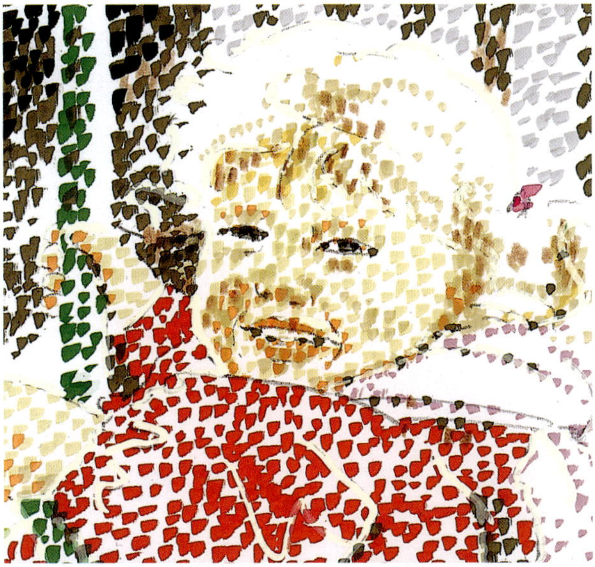

Unser Auge setzt die Punkte zu einem Gesicht zusammen.

Linien und geometrische Formen verzerren das Gesicht.

MIT EINEM AUGENBLINZELN

Manchmal spielen uns unsere Augen beim Betrachten von Kunstwerken einen Streich – und die Maler wissen das genau!

Das ist das Bild *Halluzinogener Torero* von Salvador Dalí. Wenn du genau hinschaust, erkennst du außer den weiblichen Statuen auch den Kopf eines Stiers. Kannst du auch das unten skizzierte Gesicht in einer der Büsten entdecken?

DIE BILDHAUEREI

DIE BILDHAUER DER STEINZEIT

In Höhlen findet man Werkzeuge und behauene Gegenstände aus der Steinzeit. Sie verraten viel über das Leben der damaligen Menschen.

Der Jäger wirft den Speer. Schleudergriff ① und Spitze ② sind aus Stein gefertigt.

Dieser verzierte Hinkelstein zeigt einen Krieger mit Schwert und Dolch.

Diese Frauenfigur ist in den Stein gemeißelt.

Dieses Bison ist auf einer Elchschaufel eingeritzt.

DIE BILDHAUER IM ALTEN ÄGYPTEN

Priester und Pharaonen geben Statuen und Reliefs für die Tempel, Grabstätten und Paläste in Auftrag.

Das Wort Sphinx bedeutet „lebende Statue". Es ist die Bezeichnung für Löwen mit Menschenköpfen.

Der Steinblock stammt aus einem Steinbruch. Er wird mit Hammer und Meißel behauen. Die Arbeiter glätten die Oberfläche mit Kieselsteinen. Ein Boot bringt die fertige Skulptur zum Tempel.

Hier sieht man Bildhauer bei der Arbeit. In einem Tempel meißeln sie eine Statue in die Wand. Mit einem Holzhammer schlagen sie auf einen Meißel und klopfen so Steinbrocken los. Langsam wird der Umriss der Figur sichtbar.

DIE GRIECHISCHEN BILDHAUER

Sie bearbeiten Bronze, Marmor, Ton oder Holz. Einige Skulpturen sind bemalt. Die Farbe hält sich aber nicht über die Jahrhunderte.

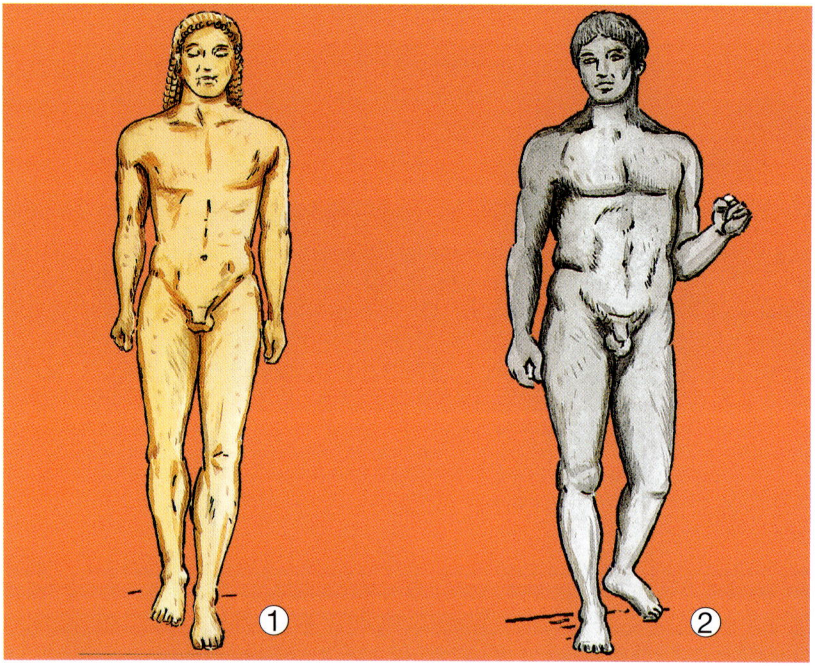

Die ersten griechischen Statuen ähneln sich sehr. Die meisten stellen einen nackten Mann in Frontalsicht dar. Die Körperhaltung ist starr, die Arme liegen dicht am Körper ①. Im Laufe der Zeit entwickelt sich die Bildhauerkunst weiter ②. Die Körper wirken harmonisch und sind wohlgestaltet.

Der Bildhauer stellt Helden aus den Sagen dar. Die fertigen Skulpturen werden bemalt und bekommen einen Platz in einem Tempelfries.

AFRIKANISCHE MASKEN UND STATUEN

Masken und Skulpturen aus Holz, Elfenbein, Eisen oder Knochen zeugen von der Geschichte und dem Götterglauben eines Stammes.

Diese Maske gehört zu einem Ritual, das jungen Männern Stärke verleihen soll.

Viele Statuen verehren die Mutterschaft. Sie sollen reichen Kindersegen bringen.

Diese Statue ist eine Art Heiligenstatue. Man bittet sie um Regen oder Gesundheit.

Diese Statue stellt einen Vorfahren dar. In ihr soll das Wissen des Ahnen weiterleben.

DIE ARMEE DES KAISERS VON CHINA

In der Nähe des Grabes des ersten Kaisers wacht eine Armee von Kriegern aus Ton! Sie sollen ihn im Jenseits verteidigen.

Kein Gesicht gleicht dem anderen! Vielleicht hat man die Tonsoldaten den echten Soldaten des Kaisers nachgebildet. Jede der bemalten Statuen trägt richtige Waffen aus Bronze oder Eisen.

Die Tonsoldaten werden durch Holzplanken und Stroh geschützt. Aber vier Jahre nach dem Tod des Kaisers schänden Bauern die Grabstätte, rauben die Waffen und legen anschließend Feuer.

Bis heute hat man 7000 in Reih und Glied stehende Soldaten gefunden. Und die Archäologen graben immer noch! Tausende von Touristen besichtigen jedes Jahr die Statuen, die 1,80 bis 1,90 m groß sind.

EINE HOLZSTATUE

Im Mittelalter und in der Renaissance schmücken viele Holzstatuen neue Kirchen. Meistens sind sie bemalt.

Der Holzblock wird mit einem Handbeil grob behauen und dann für die Feinarbeit in die drehbare Schnitzbank eingespannt.

Die Statue wird ausgehöhlt, damit sie leichter ist. Dann wird sie mit einem Holzschutzmittel bestrichen und anschließend poliert und bemalt.

DIE MARMORSTEINBRÜCHE

Sowohl die Römer als auch die Bildhauer der Renaissance wie Michelangelo lassen ihre Marmorblöcke aus den Bergen kommen.

In den italienischen Alpen findet man herrlichen weißen Marmor.

Die Arbeiter bohren Rillen, um Marmorblöcke abzutrennen.

Der Block wird abgelöst und auf einen Holzschlitten gesetzt.

Er wird zum Atelier des Bildhauers gebracht.

SO WIRD MARMOR BEARBEITET

Reiner Marmor ist vollkommen weiß und ohne Risse. Die Bildhauer bearbeiten diesen Stein mit viel Feingefühl.

Der Bildhauer sucht sich einen perfekten weißen Marmorblock ohne Risse aus.

Mit Spitzmeißel und Flacheisen schlägt er Marmorstücke ab und legt die Figur frei.

Die Statue wird mit einer Raspel ② glatt poliert. An einigen Stellen wird die Oberfläche erneut mit Spitzmeißel ① oder Zahneisen bearbeitet.

MICHELANGELOS SKULPTUREN

Michelangelo ist einer der großen Künstler der Renaissance. Er ist Maler, Bildhauer und Architekt. Am liebsten arbeitet er mit Marmor.

Diese Skulptur wird *Pietà* genannt – das bedeutet „Mitleid". Sie zeigt die Jungfrau Maria, die ihren Sohn nach seinem Tod am Kreuz in den Armen hält. Die Darstellung des toten Körpers mit seinen erschlafften Armen und die feinen Details der Kleidung sind bewundernswert. Man könnte meinen, man betrachte ein Foto.

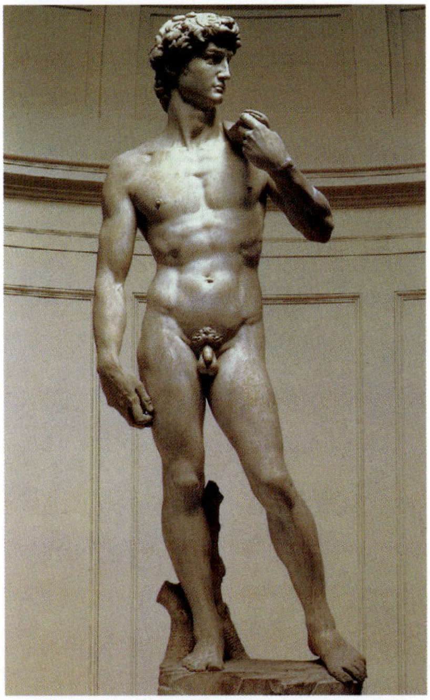

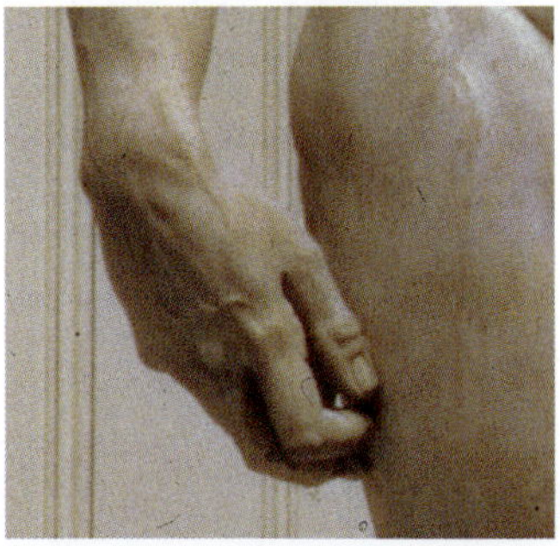

Ein anderes Meisterwerk ist der *David*, ebenfalls eine Gestalt aus der Bibel. Zu seiner Zeit gilt er als die perfekte Statue. In den Vergrößerungen kannst du die Details von Gesicht und Hand bewundern.

IM ATELIER VON RODIN

Auguste Rodin zeichnet viel, um die Bewegungen und Gesten seiner Modelle zu erfassen. Er liebt es, mit Ton zu arbeiten und modelliert zahlreiche kleine Statuen.

Mit 15 Jahren entdeckt Rodin seine Freude am Modellieren mit Ton. Schon jetzt will er Bildhauer werden.

Er geht bei einem Maurer in die Lehre und fertigt Verzierungen aus Gips an.

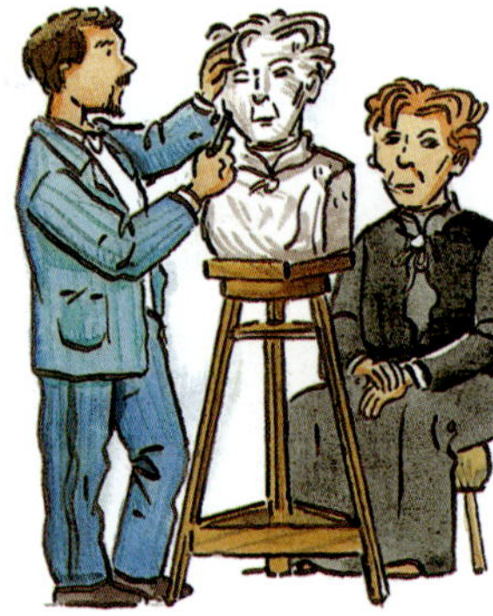

Rodin verliert seine geliebte Schwester. Er tritt einer religiösen Gemeinschaft bei.

Er verlässt den Orden und eröffnet ein Atelier. Ein alter Mann steht ihm Modell.

Sein zweites Modell ist Rose, eine schöne Schneiderin. Sie bleibt fünfzig Jahre bei ihm.

Die Skulptur des jungen Soldaten sieht so echt aus, dass man Rodin beschuldigt, Abdrücke vom Modell genommen zu haben.

Noch mit 37 Jahren kann er nicht von seiner Kunst leben. Als Vasenmaler muss er Geld dazu verdienen.

Mit 40 Jahren erhält er endlich einen großen Auftrag. Er soll ein riesiges Tor, das Höllentor, erschaffen.

Rodin hat großen Erfolg. Er muss sich von anderen Bildhauern helfen lassen.

Mit der Berühmtheit kommen viele Aufträge. Rodin beschäftigt daher auch andere Künstler in seinem Atelier – darunter auch Camille Claudel, von der er absolute Perfektion fordert.

1

Einige Werke von Rodin:
1 – Das eherne Zeitalter
2 – Geburt einer Schönheit
3 – Das Höllentor
4 – Der Kuss des Engels
5 – Der Kuss

2

3

4

5

EIGENARTIGE SKULPTUREN

Moderne Bildhauer erschaffen aus den unterschiedlichsten Materialien farbenfrohe und originelle Werke.

Der Künstler hat verschiedene Materialien benutzt, um diese Figur zu entwickeln.

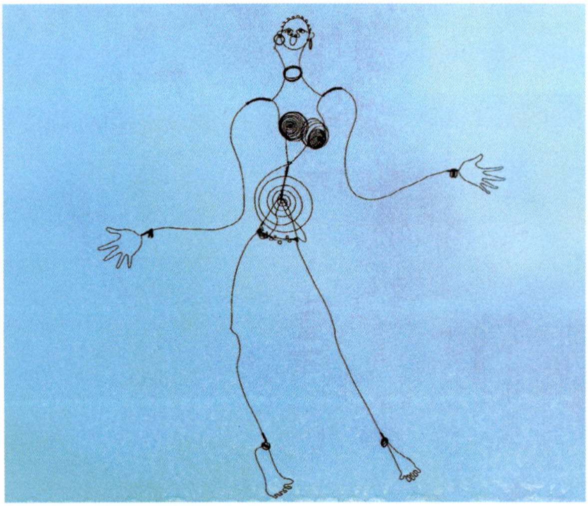

Calder arbeitet vor allem mit Metall. Für diese Tänzerin hat er Draht verwendet.

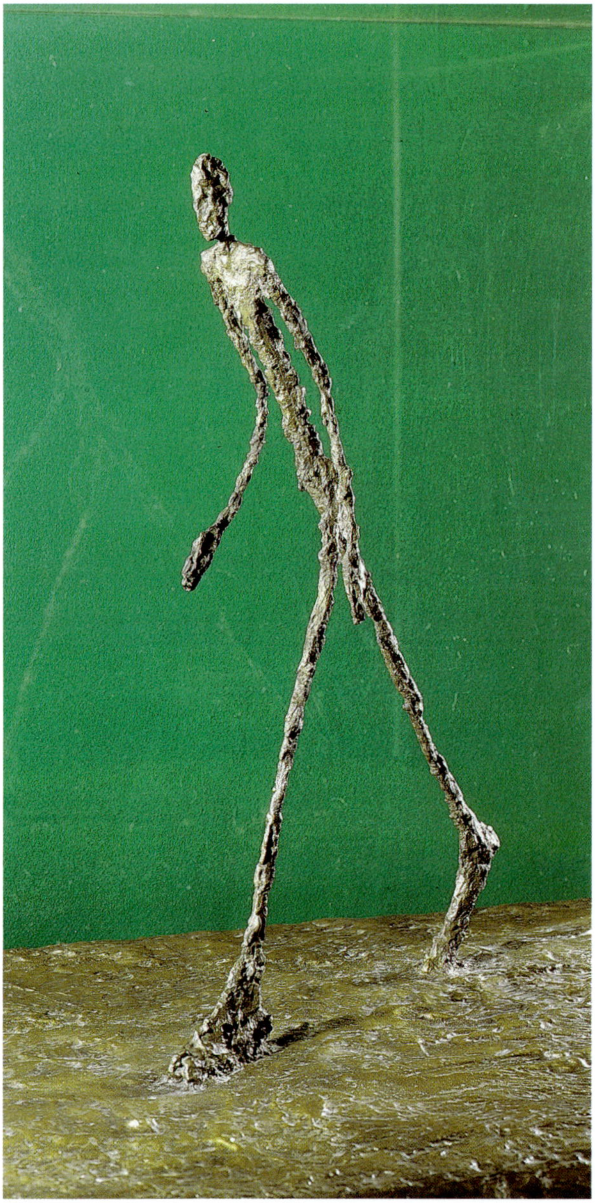

Giacomettis Figuren sind mager und haben einen kleinen Kopf und lange Beine.

KARTONSKULPTUREN

Die Kunst besteht bei dieser Skulptur darin, das Gleichgewicht zwischen den einzelnen Teilen herzustellen.

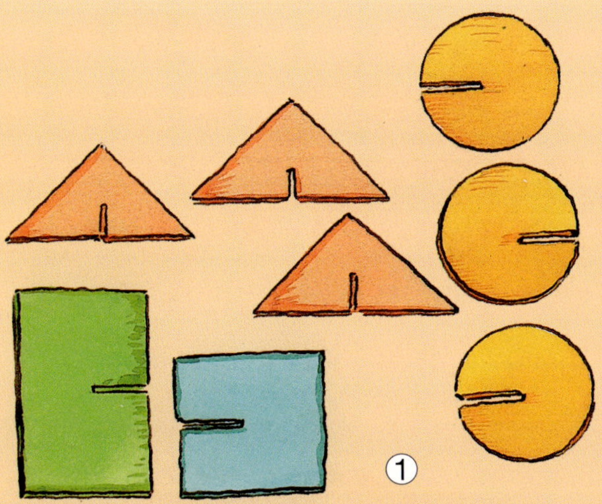

①

① Schneide diese Formen aus dickem Karton aus. Male sie nach Lust und Laune an. Schneide einen Schlitz in jedes Teil.

② Stecke das Rechteck und das Quadrat so zusammen, dass sie sich im Gleichgewicht befinden.

③ Stecke nach und nach die anderen Teile auf. Unser Beispiel hilft dir dabei. Natürlich sind aber auch ganz andere Lösungen möglich!

②

③

SO WIRD EINE MASKE MODELLIERT

Ton verarbeitet sich am besten, wenn er feucht, aber nicht nass ist. Tauche deine Finger in Wasser, bevor du den Ton knetest und glättest.

Du brauchst: lufthärtenden Ton aus einem Bastelgeschäft, einen Pinsel, eine Gabel und Wasser.

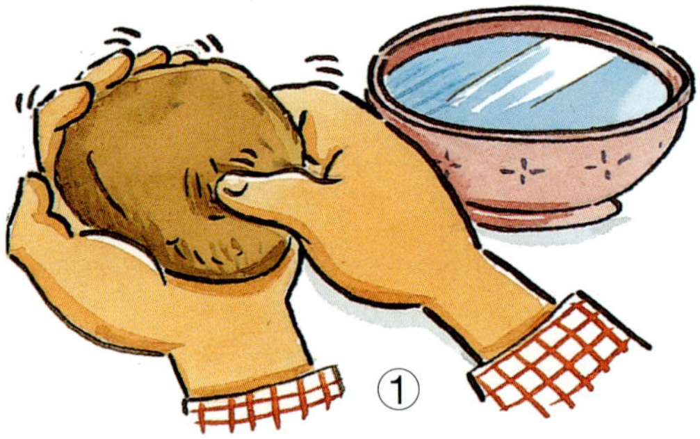

Befeuchte deine Finger und knete den Ton zu einer weichen Kugel.

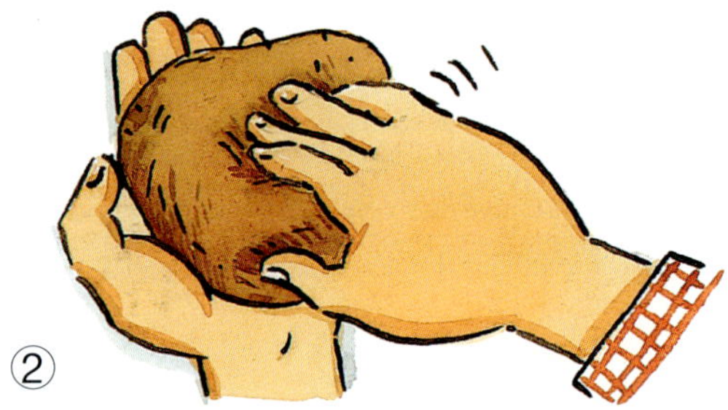

Drücke die Kugel platt und forme ein Gesicht. Glätte es anschließend mit den Fingern.

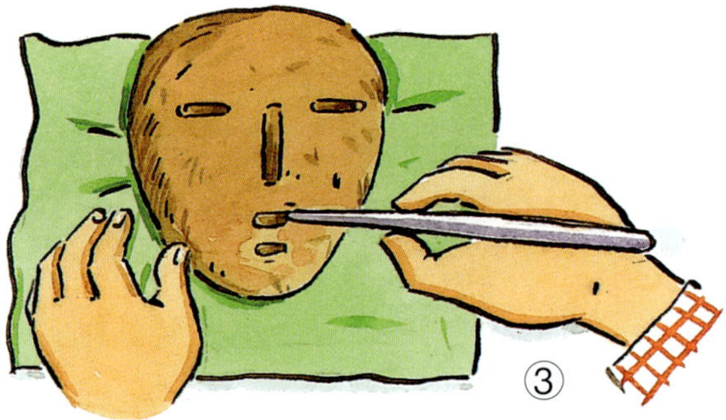

Mit dem Pinselende ritzt du Augen, Nase und Mund in den Ton. Glätte das Gesicht erneut.

Mit der Gabel drückst du Haare und Muster in die Maske, um sie zu dekorieren.

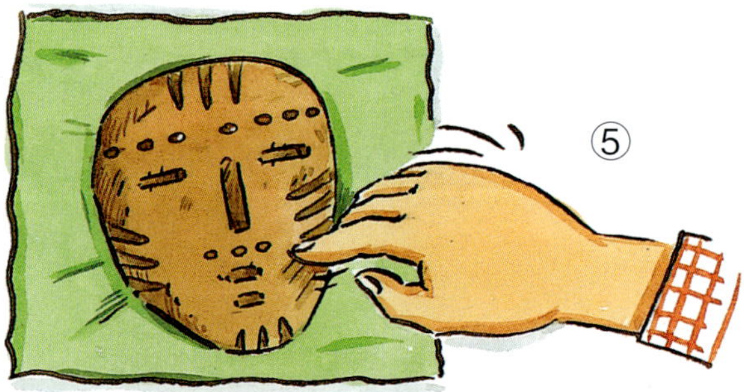

Glätte alles sorgfältig und lasse deine Maske trocknen. Nach 24 Stunden ist der Ton hart.

DIE ARCHITEKTUR

DIE ARCHITEKTUR

Die ersten Menschen sind Jäger. Sie haben keine festen Lager. Erst später bewirtschaften sie Felder und gründen Siedlungen.

Die Jäger schlagen ihr Zelt im Schutz der Felsen auf. Tierhäute werden getrocknet und über Äste gespannt.

Die Wände keltischer Bauernhäuser bestehen aus Holzpfählen, die mit Zweigen verflochten und mit einer Mischung aus Stroh und Lehm beschmiert werden. Das Dach wird mit Stroh gedeckt.

EINMAL UM DIE WELT

Die Menschen schützen sich mit den verschiedensten Materialien vor Wind und Wetter: Pflanzen, Lehmziegel usw.

In Syrien verputzt man Ziegelhäuser mit feuchtem Lehm.

Afrikanische Häuser sind quadratisch und die Speicher rund.

Dieses Haus in Neuguinea hat Wände aus geflochtenen Palmwedeln und ein Dach aus getrockneten Grasbüscheln.

DIE PYRAMIDEN IM ALTEN ÄGYPTEN

Die Pyramiden sind die Grabstätten der Pharaonen. Ihr Bau bedeutet ein gigantisches Unternehmen.

Tausende von Arbeitern schneiden im Steinbruch enorme Steinblöcke zurecht und polieren sie.

Die Blöcke werden auf einer Rampe bis zur Spitze der Pyramide gezogen und in Stufen angeordnet.

Die Pyramidenwände werden mit polierten Kalkplatten verkleidet, damit sie glänzen.

Der Pharao besucht die Baustelle. Der Bau einer Pyramide dauert lange – manchmal bis zu 20 Jahre!

Die letzte Ruhestätte des Pharao ist gut versteckt. Trotzdem finden Diebe häufig den Weg zum Grab und stehlen den Sarkophag und die beigelegten Schätze. Der Pharao Cheops regierte vor etwa 4500 Jahren. Hier siehst du einen Schnitt durch seine Pyramide.

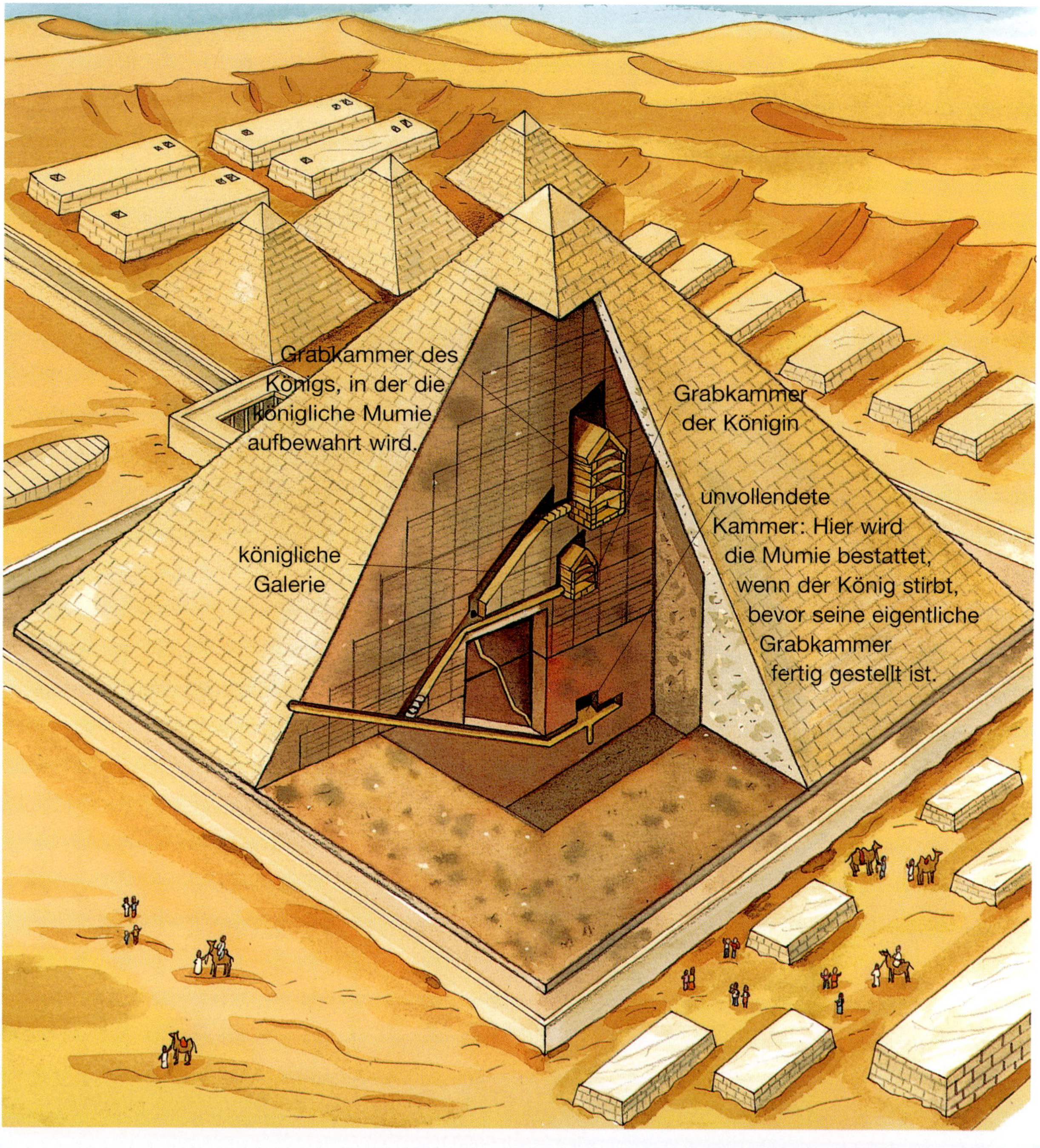

EIN GRIECHISCHER TEMPEL

Die Griechen bauen für Athene, die Schutzgöttin der Stadt Athen, das Parthenon. Athen ist die reichste Stadt im alten Griechenland.

Der Bildhauer Phidias lässt die besten Architekten und Steinmetzen kommen. Tausende von Sklaven tragen die Marmorblöcke herbei.

ZUR ZEIT DER RÖMER

Die Römer sind große Bauherren. Im ganzen Reich bauen sie Brücken, Theater und öffentliche Bäder, die Thermen.

Kaiser Vespasian lässt in Rom ein riesiges Amphitheater bauen, das Kolosseum. 50 000 Römer können dort den Wagenrennen und Gladiatorenkämpfen beiwohnen.

In Südfrankreich bauen die Römer ein Aquädukt, eine antike Wasserleitung. Sie versorgt die Stadt Nîmes mit Quellwasser. Dort, wo das Aquädukt einen Fluss oder ein Tal überqueren muss, wird das Wasser über eine Brücke geleitet. Das Wasser fließt ganz oben entlang.

IN JAPAN UND INDIEN

In Japan und Indien gibt es viele bemerkenswerte Grabstätten sowie Tempel und Klöster zu Ehren von Buddha und den Göttern.

Dieses Heiligtum, das die Statue Buddhas beherbergt, wird in Japan Kondo genannt. Es stammt aus dem 7. Jahrhundert. Die Ziegeldächer sind an den Enden umgebogen. Man kann ein Kondo abbauen und es an einem anderen Ort wieder aufstellen.

1000 Jahre später lässt Schah Jahan in Indien ein Denkmal aus weißem Marmor errichten, das das Grab seiner Gemahlin Mumtaz Mahal beherbergt. Dieses Denkmal wird Tadsch Mahal genannt, was „die Palastkrone“ bedeutet.

BEI DEN MAYA UND INKA

Diese Völker Lateinamerikas haben selbst in bergigen Regionen große Städte, Straßen und Brücken errichtet.

Die Priester der Maya erklimmen steile Treppen, um zum Tempel oben auf der Pyramide zu gelangen. Dort beten sie zu den Göttern.

Machu Picchu ist eine der beeindruckendsten Inka-Städte. Die Häuser sind auf Terrassen an Steilhängen in 2400 m Höhe gebaut.

BURGEN IM MITTELALTER

König und Fürsten lassen Festungsmauern rund um ihre Wohnstätten errichten. Sie sind Machtsymbol und Verteidigungsanlage zugleich.

Die Soldaten wohnen in der Burg. Die Bauern leben in der nahen Umgebung und flüchten in Kriegszeiten hinter die Festungsmauern.

DIE MOSCHEEN

Die Mohammedaner versammeln sich in der Moschee. Fünfmal am Tag steigt der Muezzin auf einen Turm, das Minarett, um zum Gebet zu rufen.

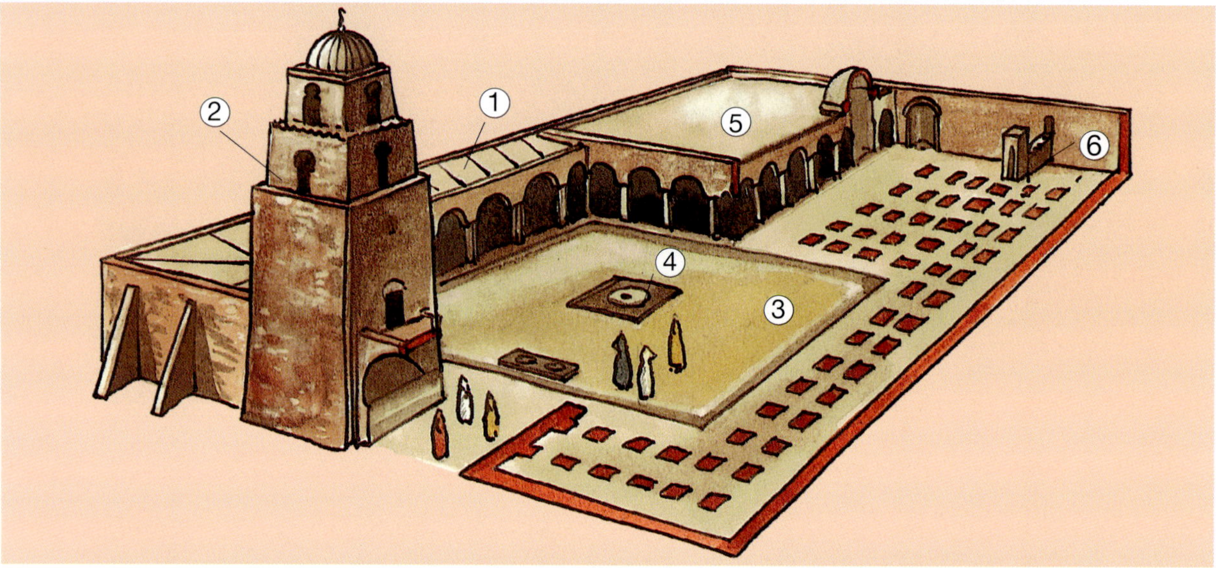

Eine Moschee besteht aus einer rechtwinkligen Mauer ①, einem Turm, dem Minarett ②, einem Hof ③ mit einem oder mehreren Brunnen ④, einem Gebetssaal ⑤ und der Kibla-Mauer ⑥, die Richtung Mekka weist.

Diese Moschee befindet sich im Iran. Mit geometrischen Mustern verzierte Kacheln schmücken ihre Wände und die Kuppel. In einer Moschee sind niemals Bilder von Tieren oder Menschen zu sehen, da der Koran, das heilige Buch der Mohammedaner, ihre Abbildung verbietet.

ROMANISCHE KIRCHEN

Um das Jahr 1000 errichten die Christen zahlreiche schöne Kirchen. Während der Pilgerfahrten ziehen sie zu Fuß von einer zu anderen.

In den ersten romanischen Kirchen sind die Deckengewölbe aus Holz. Später baut man wegen der Brandgefahr Gewölbe aus Stein.

Viele Menschen pilgern zu dieser Abtei in Frankreich. Auch die Zahl der Mönche steigt, sodass angebaut werden muss.

DIE KATHEDRALEN

Im Mittelalter lassen die Bischöfe riesige Kirchen bauen. Adlige, Bürger und Bauern spenden große Summen für den Bau.

1 – Dachdecker 2 – Zimmermann 3 – Maurer schichten Steine aufeinander
4 – Sand und Kalk werden zu Mörtel gemischt 5 – Steinmetz 6 – Wasserträger.

Hohe Türme, mächtige Pfeiler und wunderschöne Kirchenfenster zeichnen diese Kathedrale aus. Die Außenfassade ist reich verziert.

Gestalten aus der Bibel schmücken die Portale. Sie sind oft in lebendigen Farben angemalt.

Durch ein gewaltiges Rosettenfenster fällt Licht ins Innere der Kathedrale.

Das mächtige Gewölbe wird von Spitzbögen gestützt. Die Wände sind sehr hoch.

Dieser schwarz-weiße Fliesenboden ist ein Labyrinth, das fromme Christen auf Knien durchqueren.

DAS RENAISSANCE-SCHLOSS CHAMBORD

Der französische König Franz I. reist mit seinem Hofstaat viel umher. Er lässt prachtvolle Schlösser an seinen Lieblingsorten errichten.

Chambord befindet sich mitten in einem Wald, denn der König liebt die Jagd. Es ist eines der schönsten Schlösser an der Loire.

Im Schloss gibt es eine doppelte Spiraltreppe: Derjenige, der hochgeht, sieht denjenigen, der herunterkommt, nicht.

DER EIFFELTURM

Gustave Eiffel entwirft diesen Turm aus Eisen als Eingang für die Weltausstellung 1889. Danach soll er eigentlich zerstört werden!

Zuerst wird das Fundament ausgehoben.

Die Eisenträger werden in einer Fabrik bei Paris gefertigt.

Vier Baugerüste werden an den vier Pfeilern errichtet. Dann beginnt die Montage...

Auf der ersten Plattform werden die Pfeiler aufgestellt, die die zweite Etage stützen sollen.

Nach 2 Jahren, 2 Monaten und 5 Tagen ist der Turm fertig.

1710 Stufen führen zur Turmspitze.

WOLKENKRATZER

Als in den großen Städten der USA der Baugrund knapp wird, beginnt man in die Höhe zu bauen.

OPER IN SYDNEY, AUSTRALIEN

Dieses schöne Gebäude beherbergt Konzert- und Theatersäle. Für den Bau verwendet man die besten Materialien.

Die Oper wird am Rande des Wassers erbaut. Ihre Dächer ähneln Schiffssegeln! Der Bau ist schwierig und nimmt viel Zeit in Anspruch.

Das Dach besteht aus gegossenem Beton. Seine Form erhält es durch Stahlseile. Es ist mit weißen, speziell angefertigten Dachziegeln bedeckt. Die Wände sind aus Glas.

SCHÖNE BETONGEBÄUDE

Auch mit modernen Materialien kann ein Architekt ein Traumhaus oder eine wunderbare Kapelle errichten...

Die Kapelle Notre-Dame-du-Haut im französischen Jura ist das Werk des Architekten Le Corbusier. Ihr Dach ist aus Beton.

Das „Haus auf dem Wasserfall“ des Amerikaners Frank Lloyd Wright ist im Wald versteckt. Betonterrassen ergießen sich über die Felsen.

DIE FOTOGRAFIE
DAS KINO

DIE GESCHICHTE DES FOTOAPPARATS

Die erste Kamera ist die Camera obscura (dunkler Raum). Man schiebt eine lichtempfindliche Platte in den Kasten, um Bilder festzuhalten.

Hier siehst du das älteste Foto der Welt. Es stammt aus der Kamera, die der Franzose Nicéphore Niepce erfunden hat. Niepce arbeitet mit einer Zinkplatte, die er mehrere Stunden dem Licht aussetzt. Darauf kann man dann schwach einen Baum und ein Gebäude erkennen. Eine unglaubliche Entdeckung!

Den ersten Farbfotoapparat erfinden die Brüder Lumière. Das Negativ wird auf eine Platte gebannt mithilfe eines chemischen Produktes auf der Basis von Kartoffelstärke. Die Qualität der Fotos ist sehr gut!

Vor der Erfindung des Films wiegt das Material schwer und die Technik ist kompliziert. Nur Fachmänner machen Fotos. Mit den heutigen Digitalkameras braucht man nicht einmal mehr einen Film.

Mit der ersten Kodak-Kamera (A) kann jeder fotografieren. Um den Film zu entwickeln, muss man aber den ganzen Apparat ins Werk schicken. Bei diesem Fotoapparat (B) lässt man nur den Film im Fotogeschäft entwickeln.

B

In Digitalkameras (C) werden Bilder auf einem Datenträger gespeichert. Man kann sie auf dem Fernseh- oder Computerbildschirm ansehen.

DAS PORTRÄT

Mit Erfindung der Fotografie öffnen zahlreiche Porträtstudios. Jeder will sich in seinen schönsten Kleidern fotografieren lassen.

Die Fotos haben oft eine braune Farbe, die Sepia genannt wird.

Früher muss man für ein Foto lange Zeit still sitzen. Eine Vorrichtung sorgt dafür, dass das Kind den Kopf gerade hält.

Die Brautleute stellen sich im Atelier in Pose. Der Fotograf steckt seinen Kopf unter ein Tuch, um besser durch die Kamera sehen zu können.

FOTOJOURNALISMUS

Fotografen sind unschätzbare Zeitzeugen. Sie fotografieren sowohl Kriegsschauplätze als auch das tägliche Leben.

Kinder fliehen bei einem Bombenangriff aus den Häusern.

Ein Kind sitzt auf einem Panzer: Der Krieg ist aus!

Anfang des letzten Jahrhunderts veröffentlichen Fotografen Fotos aus Fabrikhallen, in denen Kinder arbeiten müssen anstatt zur Schule zu gehen.

DER FOTOGRAF ROBERT DOISNEAU

Robert Doisneau ist berühmt für seine Schwarz-Weiß-Fotos.
Er liebt es, aus dem Leben gegriffene Szenen festzuhalten.

Robert Doisneau fotografiert gerne einfache Leute und Kinder. Sie nehmen einen wichtigen Platz in seinem Werk ein. Auf dem ersten Foto interessieren ihn die Kinder, die auf ihren Händen laufen, aber auch die, die zuschauen, ohne es selbst zu wagen! Auf dem zweiten hält er ein Kind im Klassenraum fest, das auf die Uhr schaut... Das Foto ist mehr als fünfzig Jahre alt, aber vielleicht kommt dir die Situation ja bekannt vor!

FOTOGRAFIE UND MALEREI

Andy Warhol ist ein berühmter amerikanischer Maler, aber auch ein Fotograf. Er druckt Negative auf Leinwand und verstärkt Farbeffekte.

Er verwandelt durch Siebdruck Schwarz-Weiß-Fotos in bunte Bilder. Der Effekt der zugefügten Farben ist überraschend. Warhol hat damit großen Erfolg. Links siehst du, wie so ein fertiger Siebdruck aussieht.

① Der Künstler gibt seine Zeichnung zum Siebdruck.
② Stellen, die nicht gefärbt werden sollen, werden abgedeckt.
③ Die Zeichnung wird unter einen Seidenstoff gelegt, der in einen Rahmen gespannt ist. Die Tinte wird durch die Seide hindurchgedrückt und färbt die nicht abgedeckten Stellen.

WIE FUNKTIONIERT EIN FOTOAPPARAT?

Der Fotoapparat schützt den Film vor Licht bis zu dem Moment, in dem du auf den Auslöser drückst. Danach muss der Film entwickelt werden.

Die Kamera ist zum besseren Verständnis durchsichtig dargestellt, damit die Filmrolle zu sehen ist.

Wenn du auf den Auslöser ① deiner Kamera drückst, öffnet sich der Verschluss ②. Das Objektiv ③ wird frei gelegt. Sonnenstrahlen können nun durch das Objektiv in den Apparat eindringen und den Film ④ belichten. Wenn es zu dunkel ist, wird der Blitz ⑤ ausgelöst.

Die Entwicklung

1 – Der Film wird in eine Flüssigkeit, den Entwickler, getaucht. Die Bilder erscheinen als Negativ.
2 – Das Negativ wird in den Vergrößerungsapparat gelegt und auf Fotopapier gedruckt.
3 – Das Foto wird nun in ein anderes Produkt gelegt. Es macht das Foto sichtbar und fixiert es.

SO GELINGT DEIN FOTO

Halte die Kamera ruhig, damit das Foto nicht verwackelt. Weitere Tipps für gelungene Schnappschüsse findest du hier.

Wähle den richtigen Abstand zu deinem Motiv: weit, nah...

Schließ ein Auge und schätze den Rahmen deines Fotos ab.

Fotografiere nicht gegen die Sonne: Das Foto wird zu hell.

Steh gerade, gebeugt oder knie nieder, aber wackle nicht.

DIE ERFINDUNG DES KINOS

Ein Film besteht aus einer schnellen Abfolge von Fotos, die auf eine Leinwand projiziert werden: So entsteht der Eindruck von Bewegung.

Dieses Spielzeug setzt sich aus einem Deckel mit Fenster ①, einem Bühnenrahmen ②, mehreren Spiegeln ③ und einer Drehscheibe ④ zusammen. Auf der Scheibe sind Bilder aufgestellt. Sie zeigen Einzelbilder einer Bewegung, die in den Spiegeln reflektiert wird. Dreht sich die Scheibe, sieht man durch das Guckfenster, wie sich die Figuren bewegen.

Mit zwölf hintereinander ausgelösten Fotoapparaten zerlegt dieser Fotograf den Galopp eines Pferdes in Einzelbilder. Darauf sieht man, dass das Pferd für einen Augenblick den Boden nicht berührt. Zeigt man die Fotos rasch hintereinander, setzt unser Auge die Bilder wieder zu einer Bewegung zusammen.

Die Brüder Lumière suchen nach einer Möglichkeit, Bilder für ein großes Publikum auf eine Leinwand zu projizieren: Sie erfinden die Kinematografie!

Louis Lumière dreht einen seiner ersten Filme. Er dauert fünfzig Sekunden. Er hat dazu eine manuelle Kamera erfunden: Man muss an einer Kurbel drehen, um den Film abzurollen. Im Inneren der Kamera haken sich kleine Krallen in die Löcher, die sich auf beiden Seiten der Filmrolle befinden.

1895 zeigen die Brüder Lumière zum ersten Mal einen Film in der Öffentlichkeit: Der Gärtner wundert sich, dass kein Wasser aus dem Schlauch kommt. Er schaut ihn sich aus der Nähe an, das Kind hebt seinen Fuß und der Gärtner bekommt eine Ladung Wasser ins Gesicht!

DER STUMMFILM

Während der Vorführung spielt ein Pianist Klavier. Ein Geräuschemacher untermalt die Bilder mit zusätzlichen Tönen.

Hier ist einer der ersten Kinosäle zu sehen. Der Film ist schwarz-weiß. Auf der Leinwand werden Dialoge oder kurze Erklärungen eingeblendet.

Charlie Chaplin erfindet die Figur des Charlot. Er ist berühmt für seine Art zu laufen, seinen Stock, seine Melone und seine abgenutzte Kleidung. Er bringt die Menschen zum Lachen und auch zum Weinen. Charlie Chaplin hat sich lange Zeit dem Tonfilm verweigert.

DER WESTERN

Ein Western erzählt eine Geschichte, die im Wilden Westen Amerikas zur Zeit der weißen Siedler spielt.

Indianer greifen die Wagenkolonnen der Siedler an, die sich auf ihrem Grund und Boden niederlassen wollen. Um diese dynamischen Szenen zu filmen, montiert man die Kamera auf Schienen.

Banditen überfallen mitten in der Prärie die Reisenden in der Postkutsche.

Der Sheriff sorgt für Ruhe und Ordnung. Hier verhaftet er gerade einen Banditen.

DIE GROSSEN HISTORIENFILME

Historienfilme spielen z.B. in der Antike. Man nennt sie deshalb auch Sandalenfilme. Nicht immer sind sie sehr realistisch.

Der Film *Gladiator* nutzt Spezialeffekte: Der Tiger wird in der Natur aufgenommen und erst am Computer in die Arena-Szene eingefügt.

In *Die zehn Gebote* verfilmt Cecile B. DeMille eine Episode aus der Bibel. Der Film erzählt die Geschichte von Moses und dem ägyptischen Pharao Ramses. 15 000 Statisten haben bei diesem Film mitgewirkt.

SCIENCE-FICTION

Diese Filme lassen uns durch Raum und Zeit reisen. Wir besuchen andere Planeten, die Zukunft oder die ferne Vergangenheit.

Das Raumschiff wird ins All geschossen. In Wahrheit ist es winzig klein: Es ist eine Attrappe.

Glücklicherweise sind die Dinosaurier, die diesen Mann verfolgen, am Computer simuliert.

Im Film *Planet der Affen* spielen die Schauspieler Menschenaffen. Die Verwandlung in der Maske dauert Stunden!

DER ANIMATIONSFILM

Zeichentrickfilme sind die bekanntesten Animationsfilme: Die Bilder werden auf Zelluloid gezeichnet und dann abgefilmt.

Die Geschichte wird Bild für Bild erzählt: Das ist das Storyboard.

Jede Szene wird säuberlich mit Bleistift gezeichnet.

Jede Bewegung der Figuren wird in Einzelbilder zerlegt.

Alle Zeichnungen werden auf Zelluloid bunt angemalt.

Die Zeichnung der Figuren wird auf die Hintergrundszene aufgelegt.

24 Zeichnungen braucht man für eine Sekunde Trickfilm!

Man kann auch Marionetten oder Figuren aus Papier oder Knete „animieren", das heißt in Bewegung setzen.

Diese Knetfiguren haben ein Gerüst aus Eisendraht, damit Kopf, Pfoten und Mund leicht bewegt werden können. Jede kleinste Bewegung der Figuren wird aufgenommen. Denn je mehr Aufnahmen gemacht werden, umso gelungener ist die Animation.

In anderen Filmen spielen Marionetten mit. Fachmänner sorgen für exakte Bewegungen, damit der Eindruck entsteht, die Marionetten seien lebendig.

DIE DREHARBEITEN

Ruhe, wir drehen! Obwohl viele Techniker die Schauspieler umringen, herrscht absolute Ruhe, wenn die Kamera läuft.

1 – Der Kameramann bereitet sich darauf vor, die Szene festzuhalten. 2 – Die Kamera bewegt sich auf Schienen. 3 – Der Beleuchter regelt das Scheinwerferlicht. 4 – Der Mikrofontechniker hält das Mikrofon über die Schauspieler. 5 – Der Toningenieur sitzt am Mischpult. 6 – Die Schauspieler. 7 – Der Regisseur überwacht den Ablauf der Szene. Vielleicht muss er sie mehrmals drehen.

Die Dreharbeiten dauern mehrere Wochen, manchmal Monate. Danach überwacht der Regisseur den Film- und Tonschnitt.

Wenn der Regisseur „Action!“ ruft, betätigt sein Assistent die Klappe. Die Kamera filmt die Klappe, auf der Filmtitel, Szenennummer sowie die Einstellung notiert sind. Das Aufnahmegerät nimmt den Ton der Klappe auf. Die Cutter finden so jede Szene wieder.

Die Cutterin schneidet und klebt die besten Einstellungen des Films zusammen.

In der Tonregie werden Dialoge, Geräusche und die Filmmusik auf ein Band aufgespielt.

HOLLYWOOD

Dieser Vorort von Los Angeles an der Westküste der USA ist berühmt für seine Studios und Filme, die die Geschichte des Kinos geprägt haben.

Der Schriftzug „Hollywood" prangt in großen Buchstaben über der Stadt Los Angeles.

Musik- und Tanzfilme setzen Schauspieler in Szene, die singen und tanzen können.

Hier sieht man spektakuläre Spezialeffekte: King Kong scheint New York zu beherrschen.

Bei *Vom Winde verweht* spielen große Stars und tausende von Statisten mit.

DIE MUSIK
DER TANZ

DIE ERSTEN MUSIKINSTRUMENTE

Mit gespannten Sehnen und Tierhäuten erzeugen die Menschen Töne. Sie blasen in Hörner und lassen Holz vibrieren.

Die Körner klappern in einer Rassel.

Man kann Töne auf einem hohlen Bambusstab erzeugen.

Ein herumwirbelnder Rhombus bringt die Luft zum Schwingen.

Die Luft vibriert, wenn durch Tierhörner geblasen wird.

Mit der Hand schlägt man auf eine gespannte Tierhaut.

Ein Stock lässt die Bogensehne im Mund widerhallen.

MUSIKINSTRUMENTE AUS DER GANZEN WELT

Selbst das Spielen auf einfachen Instrumenten, wie dem Lamellophon oder dem Didjeridu, erfordert Übung, damit schöne Töne entstehen.

In Afrika werden die Saiten des Lamellophons gezupft.

Dieser australische Ureinwohner bläst in ein Didjeridu.

In Südamerika schlagen Musiker auf die Plättchen der Marimba.

Musiker in der Mongolei spielen die Morin Khoor, die Pferdegeige.

Dieser vietnamesische Musiker hält eine Zither auf seinen Knien.

In Südamerika blasen die Musiker ihre Panflöten.

DIE TROUBADOURE IM MITTELALTER

Sie reisen von Dorf zu Dorf und von Schloss zu Schloss.
Ihre selbst komponierten Lieder begleiten sie mit einer Laute.

Der Schlossherr hat den Troubadour gebeten, ein Liebeslied für seine Frau zu komponieren. Das Publikum hört gespannt zu!

Die Dorfbewohner lauschen dem Lied, das der Troubadour im Schloss vorträgt. Sie können nicht schreiben und es natürlich auch nicht aufnehmen. Aber sie lernen es auswendig und tragen es anderen Reisenden vor. So verbreitet es sich rasch und wird bekannt.

ALTE MUSIKINSTRUMENTE

Diese Instrumente werden auch heute noch gespielt – besonders von Künstlern, die alte Musik originalgetreu nachspielen wollen.

1 – Es ist schwierig, die Laute zu stimmen. Sie hat 20 oder 24 Saiten. 2 – Die Flöte ist aus Holz. 3 – Die Gambe ist der Vorläufer des Cellos. 4 – Das Spinett ist ein tragbares Instrument. Es eignet sich deshalb auch für Konzerte unter freiem Himmel.

DIE OPER

Eine Oper ist ein musikalisches Theaterstück. Manchmal singen die Sänger nicht wirklich, sondern tragen Texte künstlerisch vor.

Opern werden in großen Theatern gezeigt und manchmal auch unter freiem Himmel. Die Vorstellungen der Oper *Aida* des Komponisten Guiseppe Verdi finden zu Füßen der ägyptischen Pyramiden statt.

Die Sänger sind gleichzeitig Schauspieler. Sie arbeiten mit den Musikern, dem Regisseur, dem Kostümbildner und anderen zusammen.

Um Opernarien vortragen zu können, müssen die Sänger ihre Stimme trainieren: Sie ist ihr Musikinstrument. Die hohe Singstimme der Männer heißt Tenor, die tiefe Bass. Frauen haben eine hohe Sopran- oder eine tiefe Altstimme.

Manchmal spielen die Opernsänger erstaunliche Rollen. Der Vogelhändler Papageno ist eine Figur aus der Oper *Die Zauberflöte* von Mozart. In *Das Kind und der Zauberspuk* von Ravel kann selbst ein Sessel singen!

DAS SINFONIEORCHESTER

Die Musiker sitzen im Halbkreis um den Dirigenten angeordnet. Die lautesten Instrumente stehen ganz außen.

Links einige Saiteninstrumente: 1. Die Harfen. 2. Die Geigen. Einige Blasinstrumente: 3. Die Querflöten. 4. Die Oboen. 5. Die Klarinette. Andere Blasinstrumente: 6. Die Hörner. 7. Die Fagotte. Rechts einige Blechblasinstrumente: 8. Die Tuben. 9. Die Posaunen. 10. Die Trompeten.

Nicht jedes Orchester ist genauso aufgebaut. Manchmal gibt es keine Harfen, manchmal kommt ein Klavier hinzu...

Im Hintergrund die Schlaginstrumente: 11. Die Triangel. 12. Die Becken. 13. Die Kleine Trommel. 14. Die Große Trommel. 15. Die Kesselpauken. Rechts weitere Saiteninstrumente: 16. Die Bratschen. 17. Die Kontrabässe. 18. Die Violoncellos.

PETER UND DER WOLF

In diesem Märchen, das der russische Komponist Sergej Prokofjew geschrieben hat, wird jede Figur von einem Instrument dargestellt.

Peter wird dargestellt...

...von den Saiteninstrumenten,

der Wolf von drei Hörnern,

der Vogel von einer Querflöte,

die Ente von einer Oboe,

die Katze von einer Klarinette,

der Großvater von einem Fagott

und die Schüsse der Jäger von der Großen Trommel und den Kesselpauken.

Weißt du, welche Musiker bei den einzelnen Szenen spielen?
Sieh ruhig vorher noch einmal nach!

Die Katze entdeckt eine Ente im Tümpel und einen Vogel. Sie möchte ihn fangen... „Vorsicht!" ruft Peter.

Der Vogel kann fliehen! Der Großvater holt Peter: „Was machst du hier? Was ist, wenn der Wolf kommt?"

Der Wolf kommt! Die Katze klettert auf einen Baum, die Ente rennt zum Tümpel, aber der Wolf erwischt sie!

Katze und Vogel sitzen im Baum. Der Wolf wartet darunter. Vom Garten aus hat Peter alles gesehen.

Während der Vogel den Wolf ablenkt, klettert Peter auf den Baum und fängt mit einem Seil den Wolf am Schwanz.

Jäger kommen und schießen. Peter ruft: „Nicht schießen! Der Vogel und ich haben den Wolf gefangen!"

JAZZ- UND ROCK-ORCHESTER

Bei Jazzmusik hörst du viele Blasinstrumente. Rockmusiker benutzen dagegen vor allem elektrische Gitarren und Schlagzeug.

Die Nachfahren der in die Südstaaten der USA verschleppten Afrikaner vermischen religiöse Melodien mit afrikanischen Rhythmen und Gesängen der Sklaven: Der Jazz ist geboren!
Die Musiker dieses Jazz-Orchesters spielen Trompete, Klarinette, Posaune, Saxofon und Schlagzeug.

Junge amerikanische Musiker erfinden den Rock and Roll.
In dieser Rockgruppe gibt die Sologitarre die Melodie vor.
Eine zweite Gitarre begleitet sie in einer tieferen Tonlage.
Die Bassgitarre und das Schlagzeug geben das Tempo vor.

IM MITTELALTER

Ein Tänzer singt vor, die anderen fallen im Chor ein. Ihre Füße klopfen den Takt und manchmal begleitet sie ein Musiker.

Die Bauern besitzen nicht so schöne Kleidung wie die Adligen. Aber auch sie singen und tanzen im Kreis oder in Schlängelreigen.

Später werden die Tänze immer komplizierter. Tanzmeister unterrichten die Adligen bei Hofe.

AM HOFE DER FRANZÖSISCHEN KÖNIGE

König Ludwig XIV. gründet eine Tanzschule. Der Musiker Lully schreibt zahlreiche Ballettstücke, die in Versailles aufgeführt werden.

Ludwig XIV. nimmt jeden Tag Tanzunterricht. Er tanzt vor seinen Höflingen. Hier spielt er die aufgehende Sonne im *Nachtballett*.

Zu den Hofbällen tragen die Damen ihre schönsten Kleider. Auch die Herren sind sehr elegant: Sie tragen Schuhe mit Absätzen!

KLASSISCHER UND MODERNER TANZ

Das Ballett fordert exakte Bewegungen und trainiert das Gleichgewicht. Im modernen Tanz spielen Körper und Bewegung zusammen.

Die Primaballerina trägt einen Rock, der aus mehreren Tüllschichten gefertigt ist: das Tutu.

Spezielle Schuhe ermöglichen es den Baletttänzern, auf den Fußspitzen zu tanzen.

Beim Ausdruckstanz tanzen die Tänzer barfuß und leicht bekleidet. Das gibt ihnen ein Gefühl von Freiheit.

Die Tänzer entwickeln neue Bewegungen zu moderner Musik. Sie tragen Freizeitkleidung.

DIE BALLETTSTUNDE

Die Kinder lernen, der Musik zuzuhören und nach ihr zu tanzen. Sie achten auf die Position ihrer Hände, Arme und ihres Kopfes.

Schau dir die Kleidung der jungen Tänzer an: Die Mädchen verknoten die langen Bänder ihrer Schuhe. Sie tragen Strumpfhosen und ein Trikot. Sie binden die Haare nach hinten, damit sie nicht ins Gesicht fallen. Der Junge trägt Strumpfhose, T-Shirt und schwarze Schuhe.

Die Schüler folgen den Anweisungen ihrer Lehrerin, während der Pianist sie begleitet. Im Spiegel können sie ihre Haltung korrigieren.

Das Ballett verlangt viel Disziplin.
Sogar Profis müssen jeden Tag an der Stange trainieren.

Der Spagat dehnt die Oberschenkel und korrigiert die Hüftstellung.

Diese Aufwärmübung an der Stange ist gut für die Knie.

Dann werden die Positionen ohne Stange geübt.

Warum nicht zum Schluss einen „Katzensprung“ wagen?

DORNRÖSCHEN

Ein Ballett ist ein Tanzschauspiel. Die Tänzer erzählen die Geschichte durch Bewegungen und Gesichtsausdruck. Die Schritte sind schwierig.

Carabosse wurde nicht zur Taufe von Aurora eingeladen. Daher verwünscht sie das Kind: Es soll sich mit 16 Jahren in den Finger stechen und sterben. Die Fliederfee wandelt den Fluch in einen 100-jährigen Schlaf um.

Eine alte Frau schenkt Aurora einen Blumenstrauß, in dem eine Spindel versteckt ist. Beim Tanzen sticht sich Aurora in den Finger und schläft ein.

Das Ballett *Dornröschen* basiert auf dem berühmten Märchen von Charles Perrault. Der russische Komponist Tschaikowsky komponierte dazu die Musik.

Die Fliederfee zeigt dem Prinzen ein Bild von Aurora und führt ihn zum Schloss. Der Prinz küsst Aurora. Sie erwacht aus ihrem tiefen Schlaf und mit ihr alle Bewohner des Schlosses.

Aurora und der Prinz heiraten. Die Gäste tanzen eine Polonäse. Danach zeigen die beiden Hauptpersonen einen Pas de deux.

SO ENTSTEHT EIN BALLETT

Anhand der Musik erklärt der Choreograf, wie er sich das Stück und die Bewegungen der Tänzer vorstellt.

Der Choreograf wählt eine bekannte Ballettmusik aus oder bittet einen Musiker, ihm ein Ballett zu komponieren. Die Tänzer lernen Figuren und Schrittfolgen. Der Bühnenbildner bereitet das Bühnenbild vor, der Beleuchter richtet das Licht aus und Schneider entwerfen die Kostüme.

DAS THEATER

DAS GRIECHISCHE THEATER

Reiche Gönner finanzieren das Theater. Die Armen bekommen Geld, damit sie ihre Arbeit für die Dauer der Vorstellung unterbrechen können.

Die Zuschauer nehmen auf den Stufen im Freien Platz. Frauen, Sklaven und Ausländer dürfen dem Schauspiel nicht beiwohnen.

Die Schauspieler tragen lustige oder traurige Masken und Plateauschuhe, um größer zu wirken. Auch die Frauenrollen werden von Männern gespielt, denn nur sie dürfen auf die Bühne. Der Chor singt Passagen aus einer griechischen Legende.

DAS JAPANISCHE THEATER

Seit Jahrhunderten stellen die Schauspieler Geschichten aus dem No-Spiel dar und die Marionetten-Spieler bewegen ihre Puppen.

Im No-Spiel (das bedeutet „Handlung“) sitzt ein Schauspieler auf der Bühne. Er erzählt von seiner Reise zu einem Ort, dessen Geschichte mit einer Schlacht, einem Liebesabenteuer oder einer Gottheit verbunden ist. Ein anderer Schauspieler stellt dieselbe Geschichte singend oder tanzend dar.

Die Japanern lieben vor allem das Marionetten-Theater. Drei Personen sind notwendig, um die großen Puppen zu bewegen. Ein Schauspieler, der auf der Bühne sitzt, erzählt ihre Geschichte mit Gesten und Mimik.

DIE CHINESISCHE OPER

Schminke und Kostüme sind ebenso wichtig wie der Gesang und die Musik. Jede Geste folgt speziellen Regeln.

Früher durften nur Männer in der Oper auftreten. Wenn sie Frauenrollen spielten, sangen sie mit hoher Stimme. Heute dürfen auch Frauen auf die Bühne. Diese Sängerin und Tänzerin spielt einen Krieger. Sie tanzt und schwingt ihre Waffen.

Ein weißes Oval in der Mitte des Gesichts: Das ist der Clown!

Eine Art schwarzes Kreuz: Das ist eine gerechte, mutige Person.

DAS SCHATTENTHEATER

Hinter einer erhellten Leinwand bewegt ein Schattenspieler alle Figuren. Gleichzeitig gibt er den Musikern Zeichen für ihren Einsatz.

Die Zuschauer sehen die Schatten der Figuren und des Schattenspielers. Manchmal wählen sie, auf welcher Seite der Leinwand sie sitzen.

Die Figuren sind aus Holz oder Leder ausgeschnitten und bemalt. An Schultern und Ellbogen sind Stäbe befestigt. Der Schattenspieler bewegt diese Prinzessin und lässt sie nach festen Regeln sprechen. Die Zuschauer kennen das Spiel.

IM MITTELALTER

Die Priester führen lehrreiche Geschichten aus der Bibel auf.
Bald wird der Kirchplatz regelmäßig zur Bühne.

In der Kirche führen die Priester Schauspiele auf, die Geschichten aus der Bibel zum Inhalt haben. Später finden diese Schauspiele auf dem Kirchplatz statt. Sie erzählen z.B. Heiligenlegenden. Auch Dorfbewohner spielen darin mit.

Eine Truppe Komödianten errichtet auf der Straße eine Gerüstbühne. Sie zeigen eine Posse: Jemand versucht, einem anderen einen Streich zu spielen. Die Schauspieler gehen danach durch die Zuschauerreihen, um Geld einzusammeln.

DIE COMMEDIA DELL'ARTE IN ITALIEN

Die Schauspieler lernen keinen Text. Sie denken sich die Dialoge erst auf der Bühne aus. Kein Stück gleicht so dem anderen!

Die Zuschauer stehen. Sie drücken sich nahe an die Bühne. Sie lieben es, wenn die Schauspieler Saltos schlagen, sich ohrfeigen usw. Jeder Schauspieler trägt eine Maske, die einen bestimmten Typ darstellt.

Harlekin ist faul, aber flink und lustig! Er ist arm. Sein Kostüm ist aus Stofffetzen genäht.

Pulcinella ist ein Bauer. Er hat einen dicken Bauch und einen Buckel. Er trinkt und isst gerne.

Colombina ist eine Kammerzofe. Sie ist in Harlekin verliebt.

ZUR ZEIT VON KÖNIGIN ELISABETH I. IN ENGLAND

Die Königin liebt das Theater und unterstützt Poeten und Komödianten. Der bekannteste Schriftsteller heißt William Shakespeare.

Das Bühnenbild ist einfach, aber die Kostüme der Schauspieler sind spektakulär. Sie bekommen sie von reichen Bewunderern geschenkt. Im Parterre stehen die Zuschauer. Sie applaudieren ihren Lieblingen und buhen die „Bösewichte“ aus. Die Schauspieler gehen hinter den Vorhang, um sich umzuziehen. Sie spielen mehrere Rollen in einem Stück.

ZUR ZEIT MOLIÈRES IN FRANKREICH

Molière schreibt Komödien. Er macht sich über Ärzte und Diener, die ihre Herren betrügen, lustig. Er ist auch ein fantastischer Schauspieler.

Molière zieht mit seiner Truppe „L'illustre théâtre" durch Frankreich. Sie führt bekannte Stücke auf, aber auch Komödien, die Molière selbst geschrieben hat. Der Bruder des Königs holt ihn nach Paris. Dort stellt ihm der König zusammen mit italienischen Schauspielern ein eigenes Theater zur Verfügung.

König Ludwig XIV. lädt Molière auf sein Schloss nach Versailles ein. Auch Ballettstücke werden aufgeführt. Manchmal spielt der König mit.

EIN THEATER

Die Schauspieler spielen auf der Straße oder auf dem Dorfplatz, aber auch auf der Bühne eines Gebäudes, das Theater genannt wird.

Die Zuschauer sitzen im Halbkreis vor der Bühne. Wenn drei Stockschläge auf den Boden ertönen, wird es still im Theater!

DIE ARBEIT IN EINEM THEATER

Vor, nach und sogar während der Vorstellung arbeiten viele Leute mit dem Regisseur und dem Bühnenbildner am Gelingen des Stücks.

Der Bühnenbildner baut das Bühnenbild und malt es an.

Der Bühnenarbeiter lässt das Bühnenbild an Seilen herunter.

Der Beleuchter regelt die Scheinwerfer.

Die Schneider fertigen für jeden Schauspieler ein Kostüm an.

BILDNACHWEIS

S.19 oben links: Porträt; **oben rechts:** Der Mensch des Vitruv, 1492 - Leonardo da Vinci © Bridgeman-Giraudon; **unten links:** Mona Lisa - Leonardo da Vinci (1452-1519) Musée National du Louvre. © Foto: RMN - RG Ojéda; **unten rechts:** Fünf groteske Köpfe - Leonardo da Vinci (école de) Musée National du Louvre D.A.G. © Foto: RMN - Michèle Bellot. **S. 20 unten:** Der Sommer - Giuseppe Arcimboldo (um 1527-1593) Musée National du Louvre. © Foto: RMN - J.G. Berizzi. **S. 21 oben:** Das Neugeborene - Georges de la Tour (1593-1652) Rennes, Musée des Beaux-Arts © Foto: RMN Ojéda - Hubert. **unten:** Der heilige Joseph als Zimmermann - Georges de la Tour - Musée National du Louvre. © Foto: RMN - H. Lewandowski. **S. 22 oben:** Selbstbildnis, 1629 - Rembrandt (1606-1669) © Bridgeman-Giraudon. **Mitte:** Selbstbildnis mit Pelzkappe und Goldkette. Rembrandt - Musée National du Louvre. © Foto: RMN - Jean Schormans; **unten:** Selbstbildnis vor der Staffelei - Rembrandt - © Foto: RMN - H. Lewandowski. **S. 23 unten links:** Die Japanische Brücke im grünen Farbklang - Claude Monet (1840-1926) Musée d'Orsay - © Foto: RMN - H. Lewandowski. - © Adagp, Paris 2002; **unten rechts:** Die Japanische Brücke (1918-1924) - Paris - Musée Marmottan - Monet Paris. © Bridgeman-Giraudon. © Adagp, Paris 2002. **S. 24 oben links:** Die Schaukel - Auguste Renoir (1841-1919) Musée d'Orsay. © Foto: RMN - H. Lewandowski; **oben rechts:** Boote in Argenteuil - Gustave Caillebotte (1848-1894) Musée d'Orsay. © Foto: RMN - H. Lewandowski; **unten links:** Schmetterlingsjagd - Berthe Morisot (1841-1895) Musée d'Orsay. © Foto: RMN - J.G. Berizzi; **unten rechts:** Louveciennes im Schnee - Alfred Sisley (1839-1899) Musée d'Orsay. © Foto: RMN - H. Lewandowski. **S. 25:** Der Star oder Tänzerin auf der Bühne - Edgar Degas (1834-1917) Musée National du Louvre D.A.G. (fonds Musée d'Orsay) © Foto: RMN - Jean Schormans. **S. 26:** Mont Sainte-Victoire - Paul Cézanne (1839-1906) Musée d'Orsay © Foto: RMN - H. Lewandowski. **S. 27:** Vincents Schlafzimmer in Arles - Vincent van Gogh (1853-1890) Musée d'Orsay - © Foto: RMN - Gérard Blot. **S. 28:** Der Zirkus - Georges Seurat (1859-1891) Musée d'Orsay - © Foto: RMN - H. Lewandowski. **S. 29:** Dernière aquarelle - Wassily Kandinsky (1866-1944) Centre Pompidou - MNAM. CCI, Paris © Foto: CNAC/MNAM Dist. RMN. © Adagp, Paris 2002. **S. 30 oben:** Schale mit Obst - Georges Braque – Foto: Moderna Museet, Stockholm © Adagp, Paris 2002; **unten:** Stilleben mit Früchtekorb - Paul Cézanne (1839 -1906) Musée d'Orsay - © Foto: RMN - H. Lewandowski. **S. 31 links:** Kreolische Tänzerin,1950 - Henri Matisse (1869-1954) - Nizza, Musée Matisse © Foto: RMN - Gérard Blot. © Succession Matisse 2002; **S. 31 rechts:** Kirchenfenster im Altarraum: Der Lebensbaum - Rosenkranzkapelle in Vence - Henri Matisse - © Foto: RMN - H. del Olmo. © Succession Matisse 2002. **S. 32 links:** Kind mit Taube, 1901 - Picasso - © Bridgeman-Giraudon. © Succession Picasso 2002; **rechts:** Mädchen mit Boot, 1938. Picasso Musée collection Rosengart, Luzern © Succession Picasso 2002. **S. 33 oben:** Golconde, 1953 - René Magritte - Bridgeman-Giraudon - © Adagp, Paris 2002. **S. 33 unten:** Karneval der Harlekine, 1924 - Miró - Bridgeman-Giraudon - © Succession Joan Miró © Adagp, Paris 2002. **S. 36:** Halluzinogener Torero - © Salvador Dalí, Fundación - Gala-Salvador Dalí/Adagp, Paris 2002. **S. 37 und 47:** Michelangelo: **oben:** Pietà, 1498 - Marmor - Rom, Vatikan - Basilika Sankt Peter - © Bridgeman-Giraudon Alinari; **unten:** David - © Bridgeman-Giraudon. **S. 49:** Werke von Auguste Rodin - Paris, Musée Rodin © Musée Rodin. 1) Das eherne Zeitalter - S 986 - Bronze - 181 x 66 x 63 cm. Foto: Adam Rzepka. 2) Geburt einer Schönheit - S 3611 - Gips - 47,8 x 24 x 29 cm - Foto: Erik und Petra Hesmerg. 3) Das Höllentor - S 1304 - Bronze - 635,4 x 400 x 85 cm. Foto: Jean de Calan. 4) Der Kuss des Engels - S 1861 - Gips - 22 x 37,5 x 18,3 cm. Foto: Erik und Petra Hesmerg. 5) Der Kuss - S 1002 - Marmor - 183,5 x 110,5 x 118,3 cm. Foto: Erik und Petra Hesmerg © Adagp, Paris 2002. **S. 50 rechts:** Homme traversant une place, 1949 - Giacometti - Bronze - © Bridgeman-Giraudon - © Adagp, Paris 2002; **links oben:** Popples, 1988 - Jeff Koons (Alle Rechte vorbehalten) © Privatsammlung Bridgeman-Giraudon - Art Library; **links unten:** Joséphine Baker - Alexander Calder (1898-1976) © Foto: CNAC/MNAM Dist. RMN © Adagp, Paris 2002. **S. 78:** Robert Doisneau, **oben:** Die Brüder; **unten:** Die Uhr. © R. Doisneau - Rapho. **Umschlag unten links:** Mona Lisa - Musée National du Louvre - © Foto: RMN - RG Ojéda - **oben rechts:** Skulptur Popples von Jeff Koons - (Alle Rechte vorbehalten). Privatsammlung Bridgeman-Giraudon - Art Library.